Un cœur un peu trop tourmenté

M. Malesthy

Couverture : M.Malesthy
Correction : Eriel Quill
Illustrations : Cléa Joubert

Édition : BoD · Books on Demand GmbH, In de Tarpen 42,
22848 Norderstedt (Allemagne)
Impression : Libri Plureos GmbH, Friedensallee 273,
22763 Hamburg (Allemagne)

ISBN : 978-2-3225-1682-7

Dépôt légal : Novembre 2024

Un cœur un peu trop tourmenté

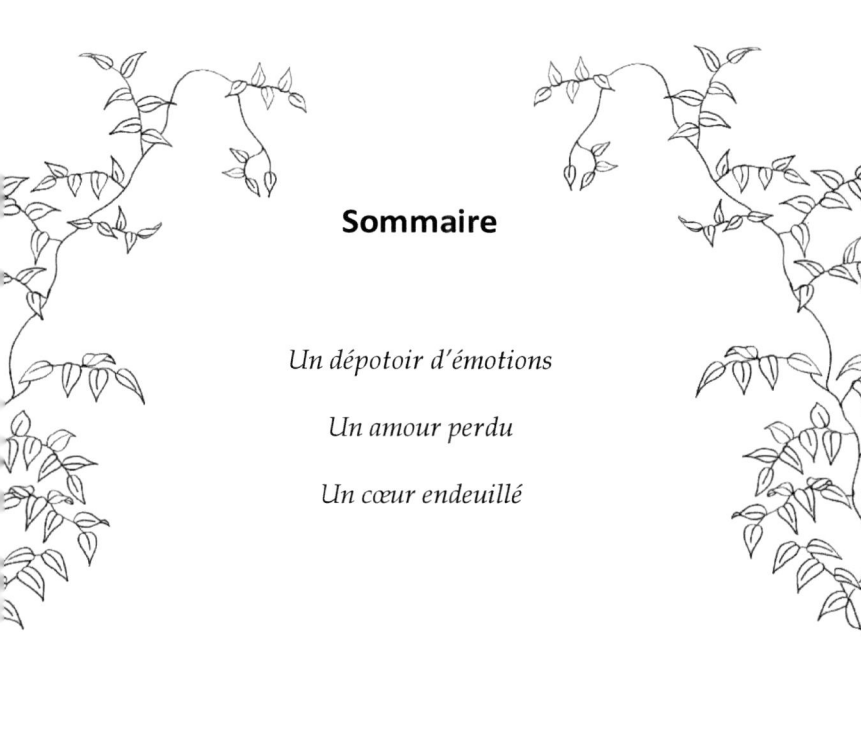

Sommaire

Un dépotoir d'émotions

Un amour perdu

Un cœur endeuillé

à tous ces cœurs écorchés
par la vie.

Un Dépotoir

D'émotions

Écrire
pour ne pas
se noyer.

Des textes par-ci par-là
des notes à tout va,
des mots en pagaille,
des bouts de phrases,
des ratures,
des papiers froissés,
des fichiers supprimés,
puis restaurés,
des larmes,
des sourires,
des doutes,
des angoisses,
des abandons,
des remises en question,
puis une fin.
Ou peut-être une nouvelle histoire.

J'aurais aimé les croire à l'époque,
lorsqu'ils disaient que j'allais m'en sortir.

Il suffira d'une musique,
d'une pensée,
d'une remarque,
d'un endroit,
d'une parole,
pour provoquer un vieux souvenir caché.

Et tous ces soirs,
devant cette page blanche,
à écrire puis effacer,
à aimer puis détester.

Et tous ces soirs,
le même cercle vicieux :
y croire ou abandonner.

**Mais dis-moi :
qu'y avait-il de mal
à croire en ses rêves ?**

Et la tempête avait tout ravagé sur son passage.
Elle avait tout emporté,
sans pitié.
En laissant pour seule trace
les séquelles du passé.

Comment rester silencieuse
alors que mon âme ne cesse de crier ?
Comment rester silencieuse
lorsque les maux se bousculent dans la tête ?

J'ai voulu fuir ce monde,
fuir tout ce qui m'oppressait.
Mais surtout,
j'ai voulu me fuir moi-même.

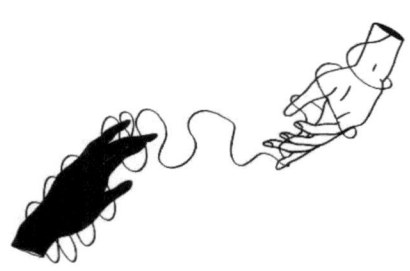

Et je suis restée là,
à attendre le bon moment
sans jamais le trouver.

Durant toutes ces années, j'ai continué d'écrire sur toi, comme si les mots suffisaient à combler ton absence. J'ai écrit encore et encore sans m'arrêter. J'ai laissé les phrases se dessiner une à une. Parfois, les larmes ont pris le dessus, c'est vrai. Souvent même. Ce n'était pas toujours évident d'affronter la réalité, de devoir ouvrir les yeux sur une situation qu'on ne désire pas. Durant toutes ces années, l'espoir ne m'a pas quittée. Il veillait en moi, chaque jour. Il me consumait, aussi.

On dit que *l'espoir fait vivre* pas vrai ? mais alors *pourquoi m'a-t-il brisée ?*

Et ce jour-là,
j'aurais dû partir,
mettre un terme à cette souffrance.
J'aurais pu me sauver
ne serait-ce qu'à moitié.
Mais je suis restée là,
j'ai laissé la douleur prendre une place
qui ne lui appartenait pas.
Je me suis tapie dans l'ombre
et je n'ai pas pu faire autrement.

J'ai toujours été celle qui reste
même à contre cœur.
Celle qui se tait
Et qui laisse le temps filer.

Ma pire erreur
a été d'oublier le plus important :
aimer ma propre compagnie.

Et parfois,
il suffira d'un tout petit détail
pour semer la pagaille
dans le cœur.

J'ai attendu si longtemps
auprès de ceux
qui étaient déjà partis loin.

Où étais-tu,
lorsque la réalité m'a frappée en pleine face ?
Où étais-tu,
lorsque j'ai reçu le coup fatal ?
Où étais-tu,
lorsque j'avais le plus besoin de toi ?

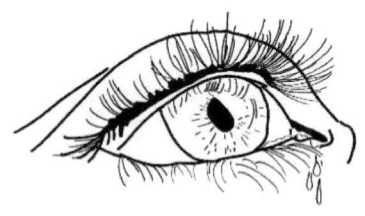

Les mots ne suffisent pas
pour décrire à quel point
ses actes et ses paroles
m'ont brisée de l'intérieur.

À travers cette indifférence
se cachait
un tas
de
sentiments.

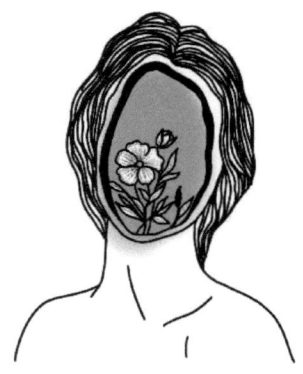

Elle n'était que l'objet de leur désir,
un corps à détruire une fois comblé de tendresse.

Ils ont piétiné mon âme

sans culpabilité.

**Cœur blessé
ne demandait
qu'à être
bien traité.**

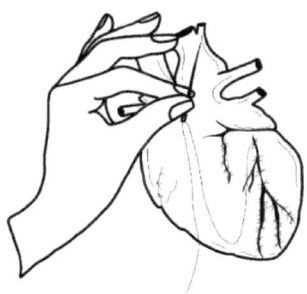

Pourtant ce n'était un secret pour personne :
ce cœur était trop bancal
pour endurer tant de douleur.

Puis un jour, elle est partie sans dire un mot, elle a pris ses affaires et elle a foutu le camp de cet endroit dans lequel elle ne trouvait plus sa place. Elle est partie, et elle n'est jamais revenue.

Et j'ai compris
que quelque chose n'allait pas.
J'ai compris
ce soir-là
que quelque chose s'était brisé.

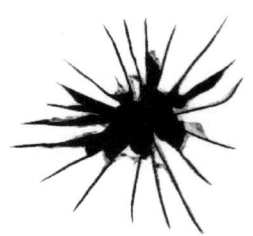

CE CŒUR SAIGNAIT
d i s c r è t e m e n t.

L'âme triste,
le cœur lourd,
l'esprit tourmenté par les pensées.

J'ai voulu oublier tout espoir
d'un jour trouver ma place.
Fermer le livre et ne plus l'ouvrir.
Le jeter dans cette boîte
« Rêves envolés ».

Elle était là
au creux de mes bras
sans jamais me quitter.

Je te pardonne
d'avoir lâché ma main,
alors que tu promettais de ne jamais le faire.

Je te pardonne
d'avoir brisé ces quelques promesses
que tu jurais de tenir.

Je te pardonne
d'avoir installé ce fossé entre nous,
alors qu'on affrontait chaque obstacle ensemble.

Je te pardonne
parce que rien n'est éternel,
pas même nous.

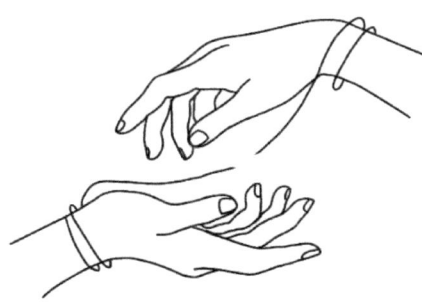

Mais avant de pardonner autrui,
Il faut apprendre à se pardonner,
pour les paroles non prononcées,
pour les adieux manqués,
pour les erreurs du passé.

*Puis, se pardonner soi-même
et réapprendre à s'aimer.*

Se retrouver
coûte que coûte
à travers cette tempête
interminable.

Remonter cette maudite pente
et grimper
bien plus haut encore.

Un amour perdu

Tu étais mon soleil.
Mais cette nuit-là,
tu es devenu un déluge
sans fin
qui a tout ravagé
sur son passage.

J'avais bâti tout un empire autour de toi.
Tu habitais chacun de mes rêves,
chacune de mes pensées.
Tu étais l'avenir vers lequel je souhaitais me tourner.
Le bonheur qui comblait ce vide.
Puis tu es parti.
L'empire s'est écroulé,
tous ces rêves sont devenus cauchemars,
toutes ces pensées sont devenues tortures et angoisses.
L'avenir est devenu si flou
que je me suis perdue en chemin.

Toutes ces blagues que tu répétais sans cesse,
soi-disant pour taquiner.
Tous ces discours suivis d'un « je rigole, ne t'inquiète pas »
n'étaient que le fruit d'une vérité bien enfouie.

Tu as fait de mes pensées
un vrai champ de mines.
Le moindre faux pas
et c'est un mélange de sentiments qui explose.

Je me suis perdue à travers toi.
À force de penser à tes désirs,
de te porter tout mon amour,
de croire que c'était normal,
j'en ai oublié mon amour propre.

Dis-moi pourquoi,
il a fallu que tu infliges tant de souffrance
à la personne qui t'aurais donné tout l'amour du monde.
Dis-moi pourquoi,
tu lui accordais tant de bienveillance,
à cette personne qui ne te donnait que mépris et haine.
Dis-moi pourquoi,
Tu as choisi de briser celle qui t'aimait à celle qui te détestait.

Tu as coupé la corde,
brutalement,
sans scrupule.
Tu as coupé cette corde
à laquelle je me raccrochais tant.
Et j'ai eu tant de mal à la lâcher.
La lâcher signifiait affronter la réalité.
Et comment aurais-je pu imaginer un jour,
que tu serais l'auteur
de ma chute ?

Je l'ai aimé à m'en détruire le cœur.
Je l'ai aimé à m'en brûler l'âme.
Et j'avoue,
c'était un sacré vacarme.

Il m'a brisée
d'une des pires manières,
et je n'aurais
jamais imaginé
qu'il serait la cause
de ce mal-être.

Je t'ai écrit des tas de messages. J'ai rempli des pages et des pages, à ne plus pouvoir les compter. J'ai posé mes maux, partout où je le pouvais. J'ai cherché en vain un moyen d'alléger ma peine, de recouvrir cette douleur que tu as laissée en partant. J'ai écrit, à tout le monde, sur toi. J'ai écrit ces mots qui n'ont désormais plus aucun sens. Ces mots qui font plus de mal qu'autre chose.

J'ai cherché la porte de sortie, un endroit où ce poids sur mes épaules pourrait être supportable. Un endroit où ton visage ne serait pas ancré dans ma tête. Où ton prénom ne serait pas un écho sans fin. J'ai été complètement désespérée au point de perdre le but principal : *vivre, avec ou sans toi.*

Naïvement, j'y ai cru.
Bêtement, j'ai attendu.

Et c'est lors de cette nuit d'été
que tout a volé en éclats.
Coup après coup,
tout s'est brisée en elle.
C'est lors de cette nuit d'été
remplie de peurs,
de pleurs,
d'angoisses,
qu'il dormait paisiblement,
dans les bras d'une autre.

Et j'ai eu si mal
lorsque ses mots
ont atteint les lieux de mon cœur.
Ils ont eu l'effet d'une bombe
qui n'a pas tardé à exploser.

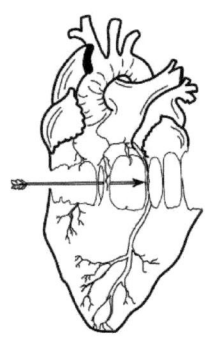

**Tu as brisé
des milliers de rêves,
en une fraction de seconde.**

Chacun de ses silences
a suffi
à briser les derniers espoirs
placés sur lui.

Souvent je me demande
ce que serait devenu mon cœur
si tu n'avais pas percuté ma route ce jour-là.

La promesse de ne pas poser
un seul mot à ton sujet,
partie en fumée.

**J'ai voulu t'effacer de ma mémoire,
mais c'était une perte de temps.**

Sors de ma tête.

Je hais ces jours
Où les images me reviennent en tête.
Où tes mensonges résonnent en moi.
Et cette question qui revient en boucle
« *pourquoi ?* »

J'AI LE MAL DE TOI,

PARFOIS.

Le *« si j'avais su, si je l'avais vu venir »*
revient en boucle
dans les moments de tempêtes.

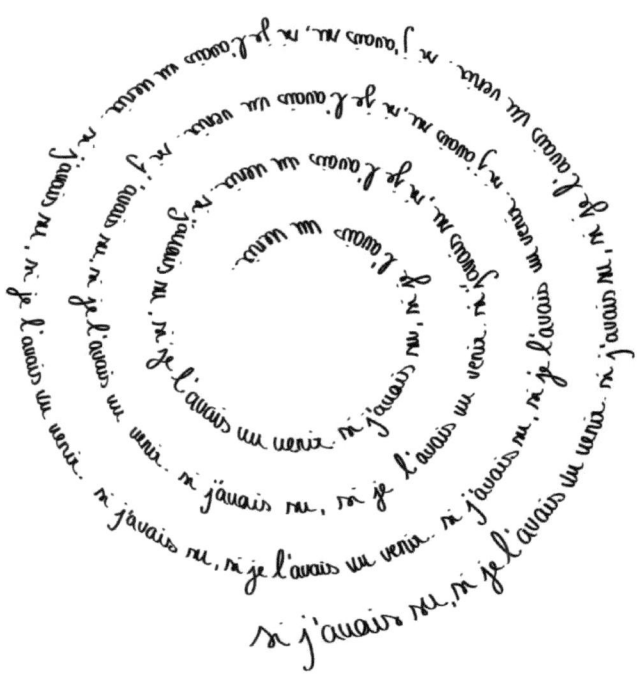

Briser les derniers morceaux de ce cœur amoché,
réduire mon âme à néant,
rajouter un combat de plus parmi les autres,
dis-moi,
était-ce ça,
la finalité de cette histoire ?

Je l'ai cru aveuglément
lorsqu'il m'a dit
« je ne partirai pas »

Et pourtant aujourd'hui,
lui non plus,
n'est plus là.

Je t'ai longtemps attendu,
même après tout ce mal infligé.
Durant des mois et des mois,
j'ai espéré ton retour,
un signe de toi,
un éventuel regret.
J'ai attendu,
bêtement,
sans comprendre que dans l'histoire,
je n'étais pas la perdante.
Je n'étais pas celle qui devait s'enfermer dans la tristesse.
J'étais celle au mérite,
celle qui méritait de sourire avec envie,
et non par dépit.
Alors j'ai repris le contrôle.
Je me suis relevée puis j'ai avancé
loin de ce nous,
sans jamais plus me retourner sur notre histoire.

Je ne veux plus t'avoir dans mon cœur,
tu lui as fait trop de mal.
Tu es déjà parti de ma vie,
alors s'il te plait,
quitte le,
lui aussi.

Et même si mon cœur réclame ta présence
ne reviens pas.
Jamais.

Mais au fond,
tu ne me manque pas.
Comment pourrais-je
attendre le retour d'un être
qui n'a pas hésité une seule seconde
à briser le mien.
Comment pourrais-je
attendre un être
qui m'a lâché la main,
au bord du précipice.

Je me suis perdue
bien trop longtemps
dans nos souvenirs,
pour continuer de vivre
dans l'ombre de ton absence.

Mais un jour,
je guérirai de toi.
Un jour,
je me détacherai de l'emprise de cet amour perdu.

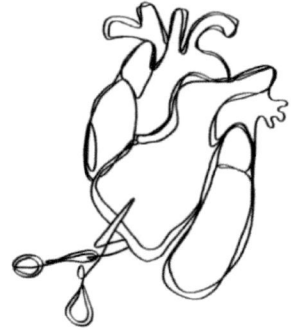

Et lorsque tu es parti,
J'ai cru tout perdre.
Ne plus trouver la force ni l'envie d'avancer.
Perdre tout espoir.
J'ai cru sombrer,
tomber au plus bas.
La respiration saccadée.
J'ai cru à toutes ces pensées négatives.
Mais je ne le savais pas encore,
j'avais tout gagné.

Et ce jour-là, je me suis promis de ne plus prononcer une seule fois son prénom, de ne plus poser aucun mot à son sujet, de ne plus verser une seule larme à son égard. Pourtant aujourd'hui, me voilà à écrire des tas de pages le concernant. Où les mots fusent les uns après les autres. Où la haine se transforme en soulagement. Parce qu'en fin de compte, cette étape était cruciale pour tourner cette page, fermer ce livre et en finir avec cette histoire.

Puis il retournera à sa place
sur cette étagère
qui prendra la poussière.
Bien qu'il fera toujours partie de ma vie,
il appartient désormais au passé.
Et il est temps de le ranger,
d'en commencer une nouvelle,

loin de toi.

UN CŒUR ENDEUILLÉ

Que serait mon monde d'écriture

sans parler de mes étoiles ?

Sans parler de toi ?

Cette nuit d'hiver
j'ai perdu mon repère,
face aux derniers battements de ton cœur.

Dis-moi que ce n'est qu'un cauchemar,
que demain au réveil,
tu seras là.

J'aimais ton cœur de tout mon être.
J'aimais ce cœur pur que tu avais.
J'aimais l'amour qu'il portait en lui.
Mais je l'ai détesté,
dès l'instant où il a cessé de battre.

Parce que ton départ
a été une nouvelle chute insurmontable,
un drame que je n'étais pas prête à affronter.

J'ai si mal depuis que tu es parti.
C'est comme si depuis ton départ,
mon être s'était noyé dans le chagrin
et que rien ne pouvait le réanimer.
C'est comme si depuis ton départ,
le temps s'était arrêté,
que la terre avait cessé de tourner.

*Ce monde sans toi
me fait si peur.*

*Ce monde sans toi
me brise de l'intérieur.*

J'ai perdu mes repères
dès l'instant où tu as disparu.
Je me suis perdue moi-même
dans nos souvenirs.

Le temps paraissait si long,
il me semblait interminable.
Plus les jours défilaient,
moins j'en voyais la fin.

J'ai voulu crier au monde entier
la douleur qui m'a envahie
lorsque j'ai entendu sa voix
me dire que c'était terminé.
Que tu étais parti
et que tu ne reviendrais pas.

C'est un vide qui ne sera jamais comblé
peu importe les années écoulées.

Mais le plus dur dans tout ça,
c'était de les regarder se réunir,
voir la joie sur leur visage,
partager des moments de bonheur,
et être là,
incapable de penser à rien d'autre
qu'à toi.

Et lorsqu'il a déposé
cette encre sur ma peau,
ma seule douleur
était au creux de mon cœur.

Lorsque je me perds dans mes pensées,
je repense à toi.
À mon enfance à tes côtés.
À tout l'amour si pur que tu m'accordais.
À ton affection sans faille.
Ta bienveillance, ta protection.
À tous ces souvenirs bâtis ensemble.
Il me faudrait un livre entier pour en parler,
pour parler de toi.
Et de la personne extraordinaire que tu étais.

Tu vivras à travers moi
où que tu sois,
où que je sois,
tu seras là
en moi,
près de mon cœur.

Et puis ils m'ont demandé pourquoi je passais mon temps
près de la mer. Pourquoi je lui accordais tant d'importance,
peu importe la météo, peu importe l'heure.
Savaient-ils seulement qu'à cet endroit,
tu reposais en paix.
Qu'être près d'elle
me permettait de me sentir plus proche de toi.

**Depuis ce jour,
une partie de moi
s'est éteinte avec toi.**

Je crois que le temps n'y fera rien.
Les jours pourront défiler,
les uns après les autres,
que le manque de toi restera là
au creux de mon cœur
sans jamais diminuer.

Je n'arrive plus à pleurer ta mort,
peut-être m'a-t-elle trop *brisée*, trop *fracturée*.

J'ai trébuché sur ton absence
tant de fois
qu'il me semblait impossible
de me relever.

J'écrirai sur toi encore et encore, sans arrêt. J'aurai toujours les mots pour parler de toi. Parce que tu étais celui qui me maintenait hors de l'eau. Celui qui rendait mon monde plus beau. Rempli de couleurs et de joie. J'écrirai sur toi encore et encore, jusqu'à ne plus savoir écrire.

**J'AI REMPLI
DES PAGES BLANCHES
DE TON NOM.**

Mais je crois que je ne m'en remettrai jamais.
Le temps pourra défiler encore et encore,
qu'une part de moi ne cessera de te réclamer.
Les années pourront se succéder,
que ce nœud à la gorge se manifestera
à chaque fois qu'on prononcera ton prénom.

Je ne pourrai pas m'arrêter de parler de toi,
tu ne cesses de résonner en moi,
bien trop fort pour t'oublier.

Et je pourrais guérir de tout,
de chaque abandon
de chaque blessure
de chaque chute.
Mais jamais je ne pourrai guérir
de ta disparition.

-    *À mon grand père,*
mon ange le plus précieux.

-M-

Tu étais
le refuge de mon âme,
le pilier de mon cœur,
l'épaule sur laquelle m'appuyer,
la main à laquelle me raccrocher,
l'apaisement de mes plus grandes peurs.

Tu étais
mon guide dans chaque tempête tumultueuse,
ma lumière dans mes nuits les plus sombres,
mon calmant dans chaque crise d'angoisse,
mon espoir après un échec.

Tu étais
la protection,
la tendresse,
la douceur,
le choix de mon cœur,
et tu étais par-dessus tout
l'amour d'une vie.

- *Mention spéciale à ma plus jeune étoile.*
M.

- *Pour la guérison de nos petits cœurs blessés.*

Remerciements

Ce livre a été un mélange d'émotions. Je crois qu'il a été bien plus difficile à écrire que le premier. Après la fin de « Un silence un peu trop bruyant » je ne pensais pas me lancer dans un autre recueil. Et pourtant, il a été une thérapie. Un tas de sentiments.

Les murmures de mon cœur.

Je ne suis pas encore douée pour faire des remerciements mais je tiens tout de même à remercier,

La personne la plus importante de ma vie, qui se reconnaitra, pour ton soutien sans faille. Pour ton amour le plus précieux. Merci de m'encourager et me pousser au bout de mes projets. Merci d'être là au quotidien. Tu es mon rayon de soleil et bien plus que ça. Tu sais déjà tout. Je t'aime tellement.

Eriel, pour ton aide précieuse. Merci pour ta correction et tes conseils bienveillants. Merci infiniment.

Cléa, pour tes magnifiques illustrations. Je ne pouvais pas espérer mieux. Tellement touchée que tes dessins se mêlent à mes mots. Et au-delà de ce livre, merci pour tout.

Toi, qui lis ces mots, qui tiens mon livre entre tes mains. Merci de me suivre au quotidien. Merci pour ton soutien. Merci d'avoir donné une chance à mes écrits.

Ma famille, mes étoiles, un merci ne suffirait pas.

A bientôt, peut-être.

De la même autrice

« Un silence un peu trop bruyant »